MW00561478

ACTIONBOOKS

Notre Dame, Indiana 2015

Action Books

Joyelle McSweeney and Johannes Göransson, Editors

Nichole Riggs, Assistant Editor, 2014-2016

Chris Muravez and Zachary Anderson, Assistant Editors, 2015-2017

Andrew Shuta, Book Design

This Blue Novel by Valerie Mejer Caso, translated by Michelle Gil-Montero

©2015 Action Books

ISBN 978-0-9898048-7-5

Library of Congress Control Number: 2015949581

Originally published as *Esta novela azul*

©2004 Valerie Mejer

©2004 Ediciones El Tucán de Virginia

Editors: Víctor Mendiola and Luis Soto

Sebastian del Piombo 65

Col. Mixcoac, Mexico City

Special thanks to the editors of *LikeStarlings* where some of these translations first appeared.

Write to us at:

356 O'Shaughnessy Hall, Notre Dame, IN 46556 or visit us online at actionbooks.org.

This
BLUE
Novel

Valerie Mejer Caso

Translated by Michelle Gil-Montero
Introduction by Raúl Zurita

AN INTRODUCTION

One of the most fascinating (and brutal) conditions of poetry is that it has no choice but to be extraordinary. Unlike fiction or film, for instance, where the expectation of a plot can lead the reader or viewer through a story or movie that is less than spectacular or mediocre—as, of course, they usually are—the poem does not support any middle ground. Either the poem is extraordinary—that is, one that ravishes you with love, freedom, compassion, or beauty—or it simply isn't. *This Blue Novel*, affirming poetry's absolute condition, is among the most superlative books that can be read today.

While we're talking about convention, this book classifies as poetry. It throws this claim to poetry, however, immediately into question: the title informs us that it is a novel, and that this novel is blue. This fact is not negligible, because if we agree that it's poetry, what we really mean is a superior sense of the term, all but forgotten nowadays: ever since Gilgamesh and the Iliad, and beyond, poetry arises from the impulse to tell a story. That is its fundamental fact. This book, by calling itself a novel, tells us just as much, but in reverse. There is no language for story but what has its origin in poetry.

In 20th century literature, one outstanding example of poetry that, at this very limit, takes the shape of novel is the work of Virginia Woolf. Today, to my knowledge, an outstanding example of a novel that, at the same limit, takes the shape of poetry is this work by Valerie Mejer Caso. Their comparison goes beyond literary affinity. Both writers foreground the naked act of writing, of writing in itself, and in that way arrive at their groundbreaking border. Writing tells us a story, but in *The Waves*, as in the narrative weft of *This Blue Novel* (in its characters, its storyline, its waking dream), the untold story erupts as a startling revelation. And meanwhile, the task of poetry, that fierce art that has no occasion but wonder, is simply to show us what is. My experience with Valerie Mejer Caso was one of startling revelation, of wonder: I knew nothing of her book, and hardly an hour later, closing it, my life was another.

–Raúl Zurita

THIS, NOT THAT

This Blue Novel begins, in the title, on a note of insistence: "this". It reminds us: *this* one, right here, not that one—as if there might be some confusion, as if we might mistake this book for another. Although translation necessarily makes Mejer Caso's "this" (*esta*, actually) a "that," I hope that the original insistence on particularity remains, as it points to the individuality of autobiography as a stream of single instances. Like the name of the book, every name in the book, and every noun for that matter, stands for something real, particular to a time and place, not interchangeable. Like the author's name, different from "all of the names they could have named me."

The concept of "thisness," or *haecceitas*—a singularity that inheres in things but eludes description—calls up the poetics of Gerard Manley Hopkins, the philosophy of Deleuze, and other writers and philosophers who took up the obsession from medieval Christian mystic Duns Scotus. For Valerie Mejer Caso, the slippery "thisness" of things not only strains language into nuance but tempts poetry to challenge the border between words and things themselves. As I translated this work, I felt the more than the usual pressure of handling words, as real, one-of-a-kind objects, belongings, even keepsakes. Just "house"? No "*the* house—*this* house." In this book, I came to realize, every word is a proper noun.

It is the proper nouns that drive the narrative, the story of how two families converge and divide to arrive at the life of the speaker. In fact, things tend to come in twos throughout the work ("two years," "two weeks," "two skirmishing cats," etc.), and this "coupling" too recalls the drama of genealogy, the concord and discord of two becoming one. In this, Mejer Caso alludes to T.S. Eliot's picture of "matrimonie" in *Four Quartets*: "Two and two, necessarye coniunction,/Holding eche other by the hand or the arm/ Whiche betokeneth concorde." As when "Two houses went under," it echoes Eliot's "The houses are all gone under the sea."

As a novel, *This Blue Novel* moves through time. As a poem, it pins down the past with an insistent sense of the present. It traverses the immediacy of moments, with the "moment" as something equally precise and unstable, present and already-gone, as Jean Luc Nancy puts it: "Such is the logic of the present: at this precise moment, the moment erases itself, and this is how it is a moment." Here, we come to meet the poet through inherited anecdotes and photographs, flashes of childhood memory, and in great part, through a past that preceded her, as through the lives of the dead ("I will introduce you to my dead, one by one"). In this way, the book draws the self as negative space, defines presence as absence, or often, by the threat of absence: "*This* was spared from a bonfire of books/(maybe by virtue of being blue)." As archive, the poem ideates its own possible destruction, its own improbability— and with it, the fluke, the rarity, of life: "its wildest improbability is life."

In this poem of intense, autobiographical *thisness*, blue is a mystery for its immensity, flexibility, and free-floating adjectival ways. In Spanish, *azul* closely echoes, and in fact comes from, 'lapis lazuli,' whose own etymology conflates stone and sea and sky. The novel's elemental blue applies throughout the text to all three of these elements, and to fire, too. Most of all, perhaps, in this story of the dead, blue is the cyanosis of death, the bluing of the skin that makes the drowned man's corpse "more vivid." And now, it is the cyanosis of translation, the uncanny tint of "dead life" in a translated work that reminds us that we are reading a translation, possibly setting off our instinct not to touch the body, not to get too close. However fluid the translation, this subtle coloration tells us that translated work is not the living text, but a once-living text in a state of over-ripeness, the process of de-composition having already begun. We find translation—like Luz's copies of Goya paintings in the novel—unsettling in this way, because like a corpse, that absolute otherness, it is the body of a death feeding into life again.

–Michelle Gil-Montero

This
BLUE
Novel

To the memory of Luz Sainz, the copyist

A la memoria de Luz Sainz, la copista

I

Ayer tracé el linde que cruzaré mañana.

Ayer, mientras vigilaba la espuma

que cubre el cuerpo de mi madre

vi las casas de mis abuelos irse al fondo

como un ancla.

Ellas se hunden, yo asciendo.

Ayer, en caída libre, dibujé la puerta que hoy abro.

Sin embargo ser un pájaro es triste

y cuesta innumerables muertos.

I

Yesterday, I traced the line I'll cross tomorrow.

Yesterday, holding vigil as the foam

closed over my mother's body,

I saw my grandparents' houses go down

like anchors.

They sink, I ascend.

Yesterday, in free fall, I drew the door that now I open.

All the same, it's sad to be a bird.

It costs countless deaths.

II

En el pasto más verde descubrí

gatas que se comen a sus crías

y que había un huracán en los ojos de mi padre.

¿El odio? ¿El amor? Suenan las campanas

y su esposa china muere dando a luz

sin conocer la naturaleza exacta de estas palabras.

El potro que entra y sale del sueño sabe mucho más

acerca de los números ayer calculados.

¿Qué nombre contienen estas cuatro potencias?

¿Dónde vive el dios de los vaticinios?

Hay una cortina delgada como una palabra,

atrás la vida sigue intacta

en las habitaciones sumergidas.

II

In the greenest grass, I discovered

cats that eat their young

and a hurricane in my father's eyes.

Hatred? Love? Bells chime,

and his Chinese wife dies giving birth,

deaf to the essence of those words.

The colt drifting through sleep is far wiser

about yesterday's numbers.

What name do these four powers possess?

Where does the god of premonitions live?

There is a curtain thin as a word.

Behind it, life remains intact

in the drowned rooms.

III

Aletea palabra justa para bautizar mi infancia

en el horizonte borrado de mi nombre.

Enumero las cosas de la casa,

cuento los platos de la vajilla hervida

frente al espacio hueco de voces.

El peso de mi cuerpo se hunde junto con las cosas:

la grasa y el brillo de las máquinas, su ruido de lancha,

el retrato del niño que fue mi padre antes del desastre

y más que nada el piano negro con todos su dientes.

He atado estos objetos a los márgenes

del único rostro de Dios que yo conozco: la montaña azul,

colgada primero en un corredor y otra vez a las seis

en el camino más triste del mundo: el camino al trópico.

(es cierto: el infierno es caliente).

El postigo, el jardín, la colección de barcos destrozados

en minúsculos vidrios, granizos del invierno de ayer

cuando mi abuela deseo mi muerte y a su único hijo, desnudo

mientras mechaba mi cabello con las tijeras de las Parcas.

III

The right word to christen my childhood flutters

at the faded horizon of my name.

I enumerate everything in the house,

I count the dishes boiled clean

in a space washed of voices.

The weight of my body sinks with things:

machines, with their gloss and grease, their motorboat drone,

the child portrait of my father before the disaster,

and most of all the black piano with its mouthful of teeth.

I've pinned these objects to the margins

of the only divine likeness I know: the blue mountain,

hung first in the hallway and again at six

on the saddest road in the world: the road to the tropics.

(It's true, hell is hot.)

The wicket, the garden, the set of shattered ships

in tiny bottles, winter hail yesterday

when my grandmother wished me dead, and her only son, naked,

as she hacked through my hair with the Fates' scissors.

Esa nube de mal agüero se suspende sobre una fecha.

Llueve en esta mañana idéntica en la luz a las mañanas

del sesenta y tantos, cuando mi vida pendía

de un hilo, cuerda tensada para violín del tiempo.

Hace dos años volví y la casa ya no estaba.

Nada.

Ni el hervor de los platos, ni las sábanas blancas.

No estaba el metal de los *Mercedes*, ni los rodillos de tinta,

no estaba el sótano ni la geometría de los setos.

No estaban ni mi abuelo ni mi abuela

con sus lenguas foráneas. No estaba el olor a ajo, ni la pintura derramada,

ni el acero del odio, ni el azúcar del miedo, ni la niña que fui.

Estaba el mismo hueco que algún día les pareció una promesa.

Como con la montaña azul yo extendía la mano

y el aire iba y venía entre mis dedos.

Estaba el hueco y al doblar la esquina las otras casas: intactas.

Era domingo, aún cuando fuera lunes o viernes.

Todo está ahí, detrás del fantasma de la lluvia

y cuando la tarde venga

y el aire se despeje, reaparecerán las venas de Dios

y una mujer inglesa

volverá a ensayar sus primeros diálogos con el mecánico alemán

y se casará con él, tras dos semanas de farra

That cloud of ill portent hovers over a date.

It's raining this morning, the light identical to mornings

in the sixties when my life hung

by a thread, string stretched for a temporal violin.

I returned two years ago, and the house was gone.

Nothing.

Not even the boiled dishes or white sheets.

Not one scrap of the Mercedes, no paint rollers,

no cellar, no shrub geometry.

Even my grandfather was gone, and my grandmother

with her foreign tongues. Not a whiff of garlic or spilled paint,

no steel of hate, or sugar of fear, or the girl I was.

Just the pit that once struck them as promise.

Like when my hand reached for the blue mountain,

and air wove through my fingers.

A pit, and when I turned the corner, the other houses: intact.

It was Sunday, even on Mondays and Fridays.

It's all there, behind the spectre of rain,

and when afternoon falls

and the air clears, God's veins will resurface

and the English lady

will rehearse her first dialogues with the German mechanic

and marry him, after two weeks of revelry

gracias a algo como la luz

que no es la luz

y ella aún muerta dice y dijo y dirá

que se unió a él porque el joven alemán podía

tragarse un pastel de un bocado.

Después llegó el domingo

para siempre.

thanks to something light-like

that isn't light

and, still quite dead, she says and said and will say

that she wedded that German young man because he could

devour a whole cake in one bite.

Then Sunday came

forever.

IV

Todavía hay un pulso en el hueco. Mío, tal vez.

O aire anegado por el abuelo alemán.

En la habitación de su nieta

una ligera oscuridad develaba rosas mínimas

y rítmicas, en rombos,

como podadas por un jardinero eficiente.

El viejo león se desplazó en ese otro país

que para él era la noche

y desgarró mi acta de nacimiento.

Minúsculos fragmentos nevaron sobre el jardín

junto con pedacearía de fotos de adolescencia (aquí una nariz,

allá los ojos, jirones de uniforme escolar

y algo que indica semejanzas con un cuerpo púber)

enseguida, como un gato asustado, se orinó sobre todo

y se acostó.

¿ Qué más puede hacer un león que dormir

tras arrancarle la piel a su presa?

A las seis de la mañana se arrastró una serpiente hasta mi sueño:

ya no tenía documentos.

Viví así por mucho tiempo,

mas ¿no son así las historias de animales?

IV

The pit still has a pulse. Maybe mine.

Or air drenched in water by my German grandfather.

In his granddaughter's room,

a slight darkness revealed roses, small

and rhythmic, each a rhombus,

as if cut back by a zealous gardener.

The old lion lost his way in that strange country

he knew as night

and shredded my birth certificate.

Tiny pieces snowed over the garden

with photographic snippets of adolescence (here a nose,

there eyes, a tattered school uniform,

and hints of a pubescent body), when suddenly

like a panicked cat, he pissed all over the place

and went to bed.

What can a lion do but sleep

after skinning his prey?

At six in the morning, a snake dragged into my dream:

                              I lost my documents.

I lived like that for a while.

But isn't that always the story with animals?

Estos hechos avanzan en la sábana

y hacen el sonido propio de los rinocerontes.

Ayer vi nacer uno, pequeño como un niño de tres años,

cachorro negro y húmedo no anunciaba la noche que será.

Los del zoológico están felices con sus futuros quinientos kilos.

Ese mañana denso, líquido y negro como el corazón

de una ola, revienta arrojando mínimos pedazos de papel,

tal vez la costilla que nunca tendré,

los ojos deslumbrados de una niña dispuesta a todo

y el dibujo de un meteorito.

Rodeo al león casi sin respirar mientras digo estas cosas

porque todos conocen la diferencia entre un león dormido y un león despierto.

Míralo ahí, cercado por el tapiz de rosas, sueña con Texas: ese planeta.

These facts assert themselves in the sheets

and scream like a rhinoceros.

Yesterday I saw one being born, small as a three-year-old child,

the damp, black pup in no way portending the night it will be.

The zoo-keepers are pleased with their future five hundred kilos.

That morning, dense, wet and black like the heart

of a wave, bursts and spits out snippets of paper,

maybe the rib I'll never have,

the blazing eyes of a girl ready for anything,

and the sketch of a meteorite.

I circle the lion as I say this, barely breathing

because everyone knows the difference between a sleeping lion and one that's awake.

Look at him, canopied by a rose tapestry. He dreams like Texas, that planet.

V

Ese planeta: Texas, donde me quedé sorda de vastedad.

El desierto es un animal que deja ver cola y penacho simultáneamente

(los que han tenido sed conocen a este híbrido).

De punta a punta, sin pájaros,

es lección de geometría que avanza en una línea,

es atmósfera hasta donde la vista viaja.

Una implosión invade la calle de gigantes:

el alto, la gorda, el monumental pastel de moka y el gran rifle.

Lo colosal y la nada

y un motel (largo y oscuro interior de cañón),

una cortina de palmeras coronando el absurdo

y tú y yo y las balas,

o las balas y yo.

Supe que el infinito era plano y sin olor propio

en la piscina, en la carretera, en el desierto,

aritmética blanca, lejos de todos los pianos,

(entre *cowboys* mi piel fue un espejo).

¿Es domingo otra vez?

Sobre un Mustang rojo mi familia de visita en anuncio luminoso

se alimenta de hierbas y sonríe saludable,

avanza como una flor carnívora,

V

That planet: Texas, where I went deaf from immensity.

The desert is an animal that displays its tail and crest simultaneously

(if you've ever known thirst, this hybrid makes sense).

End to end, birdless,

is a lesson in geometry that proceeds as a line,

is the climate of vision's reach.

An implosion infests the street of giants:

the tall and the fat, the towering chocolate cake and hulking rifle.

The colossal and the null

and a motel (long, dark barrel of a canon),

a curtain of palms crowning the absurd

and you and I and the bullets

or the bullets and I.

I knew the infinite was flat, with no distinctive smell

in the pool, on the road, in the desert,

that white arithmetic, miles from all pianos,

(around the cowboys, my skin was a mirror).

Is it Sunday again?

Sitting on a red Mustang, my family, visiting a gleaming billboard,

dines on herbs and smiles wholesomely,

expands like a carnivorous flower

a esa velocidad que algún día será redonda.

Otra vez es domingo,

el día propicio para visitar una tienda de armas

(arena en mi lengua),

el audaz vendedor muestra su máquina en acción

y dispara: aplausos.

El cielo está enfermo pero no se queja

su mérito es estar allá y jamás rozar el suelo,

el de los ángeles tener la dentadura blanquísima

y no hay un final en el arco iris.

Así a lo alto del aire, a lo largo del desierto y cuerpo adentro

encontré unas balas.

En total tres

y al final de esta autopsia

a la entrada la habitación del *Golden Motel*: esta novela azul,

en blanco, blanca leche materna

que bebí entre balbuceos

y con la primera palabra crucé el linde

y escribí este libro

(en él la señora D reposa cubierta de lotos).

at a velocity that will someday be rotational.

It's Sunday again,

the perfect day to visit a gun shop

(sand on my tongue).

The brash salesman displays his machine in action

and shoots: applause.

The sky is sick, but it doesn't groan.

Its talent is to stand still and never touch the ground,

as angels have the gift of stainless teeth

and rainbows, endlessness.

High above, across the desert and inside the flesh,

I found bullets.

Three in all.

And at the end of the autopsy,

at the door to our room at the Golden Motel: this blue novel,

all in white, white mother's milk

that I slurped between murmurs

until I crossed the line with my first word

and wrote this book

(in it, Madame D lounges, daubed with lotuses).

VI

En *La novela azul* no se inventa. Tampoco todo es cierto.

La gran inverosímil es la vida.

En otro libro un arete cuelga de una nube: para no decir.

En otro libro un policía golpea un absurdo motín de flores: para no decir.

No así en éste.

No dice por decir o imagina para mentir

acerca de los lotos que cubren el cuerpo de la Señora D.

Todos los buques parecen tener un propósito,

parecen ser más que una manzana o que un grano de sal.

¿Quién interroga está visión

mientras una niña duerme a mi lado?

Mi hija es tan pequeña y yo le recito

aquel pasaje de Eliot

donde el gallo le canta al relámpago.

El inglés es una lengua de agua y es buena para contar desastres.

Leyendo estos libros te crecerán alas

de libélula en los párpados

y más tarde todo volverá a la normalidad

.

VI

The Blue Novel invents nothing. Neither is everything true.

Its wildest improbability is life.

In another book an earring dangles from a cloud: not to speak.

In another book a policeman suppresses an absurd riot of flowers: not to speak.

Not so in this book.

It doesn't speak just to speak, or imagine in order to lie

about the lotuses closing over the body of Madame D.

All the ships convey intent.

They appear to be greater than an apple or grain of salt.

Who would question this vision,

while a girl sleeps against me?

My daughter is small, and I recite her

the passage by Eliot

where the rooster crows at the lightning.

English is a language of water and good for recounting disasters.

Reading those books, you'll sprout dragonfly wings

on your eyelids,

and later everything will revert to normal.

.

VII

El mar se alejó de Texas

y soltó su cabellera blanca en la distancia.

Un pastor alimenta con bizcochos a osos rubios

que venden *la palabra* de neón

en los semáforos y a los mismos que desconocen

ese espejo líquido: el mar.

No hay terror como este: desconocer esa medida sin medida.

Entonces la piel se muda al níquel,

y los ojos se redondean hasta caer hechos canicas.

No hay terror como no tener nada que temer.

Así es en Texas: el agua iba del cactus a la página

y de la fila de hormigas a las escaleras del sótano

empapando un hermoso alfabeto de papel.

Soñabas entonces que el caos tomaba su lugar

en la sala de espera del sanatorio

donde tu abuela nunca sería internada.

El mar se parece en todo a esta niña dormida

y en nada a Texas.

De una hoguera de libros se salvó *éste*

(tal vez por ser azul).

VII

The sea receded from Texas

and loosed its white hair in the distance.

A shepherd feeds biscuits to blonde bears

who sell the *word* in neon

traffic lights, and to the very people who deny

that liquid mirror: the sea.

No terror like this: to deny its limitless limit.

Then skin mutes to nickel,

and eyes grow round until they spill like marbles.

There is no terror like having nothing to fear.

Like in Texas: water coursed from the cactus to the page,

from the line of ants to the cellar stairs

drowning a pretty paper alphabet.

Then you dreamed that chaos swept through

the waiting room of the hospital

that would never admit your grandmother.

The sea is the spitting image of this sleeping girl

and nothing like Texas.

This one was spared from a bonfire of books

(maybe by virtue of being blue).

Lo tomó un fantasma del lomo como quien arrea con la brida

a un hermoso alazán y se puso a llorar.

El alfabeto inmóvil vive en los ojos secos.

El ala, el corredor, el foco y la puerta, están ahí en cajones de piedra.

Detesto este sueño inconexo,

aun cuando en él reposen los elementos de la vida.

Para salvar a Blancanieves, el cazador mintió

y entregó el corazón de un jabalí.

Esa mentira es el lenguaje.

Esa mentira es esta novela azul,

es la respiración de esta niña, es la pausa que hace

mientras su corazón late y hace una pausa y otra vez.

Un fantasma es humo, por lo tanto señal

y una señal es mucho más que una palabra.

El humo viaja a mí desde esa bocanada de tu espíritu.

Si los animales no fuman ¿cómo es que ascienden entonces?

Con alas llegas al cielo mucho antes de morir

así que si quieres ser un canario mira un punto fijo

                              y cuenta hasta tres…

Uno, dos, tres

yo no tengo un ciempiés.

Al alcanzar la velocidad (la del hermoso alazán)

se cerrará un círculo,

A ghost clutched it by the spine as one slaps the reins

on a gorgeous sorrel, then fell to tears.

A static alphabet nests in dry eyes.

Here, in stone vaults, are wing, hallway, light bulb, and door.

I detest this disjointed dream,

even as it harbors the vital principles in life.

To save Snow White, the hunter lied

and handed over the heart of a wild boar.

That lie is language.

That lie is this blue novel.

It is this girl's breath, her imperceptible pause

as her heart beats and stops, then again.

A ghost is smoke and thus a signal,

and a signal far surpasses words.

Smoke drifts to me from the insufflation of your spirit.

If animals don't smoke, then how can they ascend?

With wings you get to heaven long before dying,

so if you want to be a canary, stare at a fixed point

and count to two…

One, two,

buckle my shoe.

Reaching the velocity (of the gorgeous sorrel)

a circle will snap shut,

y tú dirás *ah…la velocidad es por fin redonda.*

Con esto dicho el libro llegará a su fin

mientras el fantasma se disuelve

en un café parisino atestado de fumadores.

Escucharás *L'Amerique c'est l'enfer du fumeur*

cuando ya es demasiado tarde para aprender a fumar.

Me preguntarás ¿cómo es que ascenderé entonces?

y yo te consolaré con el cuento de mirar un punto fijo

mientras transcribo, a un idioma legible, los signos del humo

y con ese acto lo fundamental se habrá filtrado,

sin remedio, por las fracturas de la página.

and you'll say, *phew, its velocity is finally rotational.*

And with these words, the book will end

as the ghost dissipates

in a Paris cafe packed with smokers.

You'll overhear *L'Amerique c'est l'enfer du fumeur*

when it's too late to learn to smoke.

You'll ask me, then how will I ascend?

and I'll console you with that story about staring at a fixed point

while I transcribe, into a legible language, smoke signals,

and with that act, the fundamental will filter,

irremediably, through cracks in the page.

VIII

Al encontrar tirado un bucle de luz

encontré mi suerte: haz de preguntas

refractadas en el fondo de la piscina.

Fue San Cristóbal quien me ayudó a cruzar.

Al llegar a la orilla era ya tan ligera como la hoja

donde están escritos los nombres

con que me pudieron haber bautizado.

Luz es un nombre que ha caído

por los peldaños de las generaciones.

El santo gigante tomó la hoja y la guardó en su pecho.

Lo veo por las tardes con un niño en hombros,

lo veo ir y venir del cielo al infierno

como quien vuelve de la escuela cargado de libros.

Eléctrico, el sueño de los muertos derrama su tinta,

mancha la página de un cáncer que crece por segundo

y se detiene cuando el potro se detiene.

Tal vez tenía nueve años cuando me consumía la fiebre

y cuando campos de algodón se germinaban en mi pulmón izquierdo

¿Cómo distinguirlo del corazón?

El dolor es una cosa difícil de localizar,

poroso deja pasar el agua y borda la piel de perlas.

VIII

Along a bend of light, *luz*,

I found my luck: a beam of questions

refracted at the floor of the pool.

It was Saint Christopher who helped me across.

Reaching the shore, I was weightless as the page

scrawled with the names

they might have named me.

Luz is a name that tumbled

the rungs of generations.

The giant saint snatched the page and stuffed it in his shirt.

I see him some evenings with a child on his shoulders.

I see him shuttle from heaven to hell

like a schoolboy stacked high with books.

Electric, the dreams of the dead leak ink

that stains the page where a cancer spreads by the second

and halts when the colt halts.

I was nearly nine when a fever consumed me,

and cotton fields budded in my left lung.

How do I tell it from my heart?

Pain is hard to pin down.

Porous, permissive to water,

it embroiders your skin with pearls.

Por esos días yo leía la vida del médico Lucano

y en el ácido vértice

de la fiebre dejaba avanzar un ejército de células inmaculadas.

Pasaban los meses donde una niña era un carbón

al rojo vivo entre las sábanas.

Mientras el pasillo era el cotidiano escenario de la lucha

cuerpo a cuerpo

la piel era la crisálida blanca que cuelga de una rama

hinchada de palabras.

Al hervor de la fiebre se tejen lazos

de la puerta al nódulo, del nódulo al cáliz

y se ve pasar al antiguo médico como a esos peces

que se multiplicaron por cientos.

El excesivo contacto con las sábanas

te convierte en fantasma

y ser invisible es un don

al servicio de las mejores causas.

En este momento hay dos a tu lado:

A la derecha y a la izquierda,

se lamen las manos como gatos aseados

mientras leen contigo eso que la lluvia fue.

Back then, I was reading the life of Doctor Lucano,

and at the tart tip

of my fever, I stepped aside for

a legion of immaculate cells.

For months, a girl was a lump of coal

hot red under the sheets.

While the hallway staged the usual struggle,

body on body,

skin was the white chrysalid sagging from a branch

turgid with words.

At the boiling point of fever, ties weave

door to nodule, nodule to calyx,

and the old doctor swishes past like fish

that spawn by the hundreds.

Excessive contact with the sheets

makes you a ghost,

and invisibility is a gift

for the service of noble causes.

Now two lie beside you:

on your right and left,

licking their hands clean like cats

as you read what rain had been.

IX

Hacia arriba de las cejas

donde casi todos están muertos

un árbol genealógico de bocas abiertas

suda el vértigo del tiempo.

Los santos muestran sus dientes blancos

y pequeñas esferas se quiebran

en el vientre de esta página.

Yo no soy una estatua de sal

(ni volteé, ni volví)

hasta que el aire volvió a ser

de la naturaleza del aire.

Las flores negras viven

en la fantasía de una abuela asesina.

Lo sé yo como lo saben Hansel y Gretel

y tantos otros niños

que viven con frases escritas en su carne espantada.

Las codornices negras viven

en la bolsa de mano de una abuela asesina

y luchan

en la cueva de su sexo infantil.

IX

Above the eyebrows

where nearly everyone is dead

a family tree of open mouths

seeps the dizziness of time.

Saints flash their white teeth,

and tiny spheres shatter

in the belly of this page.

I'm not a salt statue

(I neither turned back nor returned)

until the air regained

its nature.

Black flowers live

in the tale of a murderous grandmother.

I know it, like Hansel and Gretel knew it,

and all children

who live with sentences etched in their skittish flesh.

Black quails live

in a murderous grandmother's purse

and wrestle

in the cave of her infantile sex.

En la noche que existe

en el interior de la noche

nace el resplandor del cuchillo

y toca el cuello blanco de la niña:

se hace de día en su pulso débil.

Las codornices se atacan unas a otras con sus picos

(percusiones del aire más bajo).

El revés de la página se inunda de tinta

cuando ella duerme en el *lobby* de un hotel

mientras mi padre, que no es más que un hijo,

duerme en su habitación de la mano de su madre.

Mitológica, invadida por dioses que padecen cáncer,

ella no tendrá el destino de Europa.

Descifrará a tiempo el rostro del toro en la distancia

y tomará el cuerpo de la espuma: escapará a tiempo

en el sinuoso trazo de la playa.

Se hace de día.

Se hace el día.

El día hace a la luz.

Y el toro será derrotado en las páginas húmedas

de un periódico fechado en mayo de 1976.

In the night that exists

inside the night

the glint of a knife is born

and grazes the girl's white throat:

day breaks in her faint pulse.

Quails peck each other

(pitter-patter of the lowest air).

The verso side floods with ink

while she dozes in the hotel lobby,

and my father, no more than a boy,

sleeps in his room beside his mother.

Mythic, infested by cancerous gods,

she won't suffer Europe's fate.

In time, she'll spot a bull's face in the distance

and assume a spumous shape: she'll escape just in time

on the sinuous coastline.

Day dawns.

Now it is day.

Day brings light.

And the bull will be defeated in the soggy pages

of a newspaper dated May, 1976.

X

Su motocicleta se desamarra

del polvo,

es una máquina hecha de cientos de lápices

labiales todos rojos

sangre

que va de la máquina al hombre

y de ahí al trazo borroso

de la velocidad.

El creía en dos cosas: en Dios y el diablo.

No en la sombra, ni en la piscina,

no en la palabra Norte,

ni en los diversos números.

No en su vástago muerto, no en el polvo que serás

no en la china cuyo espíritu aún asciende,

no en el olor a días de su vestido de novia

(el de ella que fue suya).

No en su perro que lleva un nombre americano,

ni en la historia de la luz, no en la vista que domina su ventana.

Sí en la lógica austera de ambos dioses.

Sí en la velocidad.

X

His motorcycle unmoors

from dust.

Machine of a hundred pencils

that line lips, hot red

blood

running from machine to man

and from there to a bleary contour,

speed.

He believed in two things: God and the devil.

Not in shadow, pool,

or the word North,

or discrete numbers.

Not in his dead descendents or dust you become,

not in a Chinese wife whose spirit still ascends,

not in the redolence, back then, of her wedding gown

(what of her had been his).

Not in the dog with an American name,

or in the history of light, or in the view crushing his window.

Just in the austere logic of both gods.

And in speed.

Vivía en un suburbio de vidrio

donde se decía que la motocicleta era su corazón.

Ella, la máquina, dibujada por su cuerpo

de nueve manos,

vista en rojo por sus ojos rojos,

desapareciendo del sonido para sonar.

Con un alfabeto árabe contaría mejor esta historia.

Con tinta y trazos cortos

que simultáneamente dicen y ven

que el padre toma a su hija,

que la trepa en su moto

y que acelera para vengarse del día

que no lo obedece.

Ella tenía cuatro años cuando en la temperatura del trópico

sus sentidos se multiplicaron.

Para en el puerto

donde el mar huele a caldo.

Ella suelta sus vísceras en el muelle

para que los que están por venir

encuentren este punto en el mapa.

In the glass suburb where he lived,

the bike was said to be his heart.

She, the vehicle, penciled on

his nine-armed body,

gleaming red in his red eyes,

defying sound in order to roar.

This story would read better in Arabic script.

With ink and quick strokes

that simultaneously show and tell

how father takes daughter,

plops her on his bike,

and speeds vengefully toward the day

that defies him.

She was four when, in the tropical air,

her senses teemed.

She stops at the port

where the sea reeks of broth.

She drapes her viscera over the pier

so the next people to come

find that point on the map.

XI

Dos casas naufragaron. Ya hablé de aquella.

Esta es la otra, en la calle de Villalongín, donde creció mi madre.

La ola arroja al ahogado a la orilla.

Él es estos objetos: un perro de bronce, un espejo,

el escritorio que es un animal de caoba,

el gobelino de la pastora,

el camafeo, la invitación al bautizo

de mi bisabuela materna (cinco nombres impresos),

y el cuaderno donde una caligrafía puntiaguda y exacta

describe la forma del limbo.

Ninguna de estas piezas encaja,

todas son parte del tibor.

En Veracruz, el ahogado

es también Don José, el bisabuelo español,

que dueño de todo se soltó de la vida

cuando los pistoleros echaron el polvo

de la libertad sobre sus dominios.

Su retrato fue testigo

de como se hacían viejos sus niños sibaritas:

once huérfanos eternos.

XI

Two houses went under. I've talked about one.

This is the other, on la calle de Villalongín,

where my mother grew up.

A wave drags the drowned man to shore.

He is the following objects: bronze dog, mirror,

beastly mahogany desk,

Gobelins tapestry of a shepherdess,

cameo, invitation to the baptism

of my mother's grandmother (five printed names),

and notebook in which sharp, meticulous calligraphy

delineates limbo.

None of these pieces fit.

They derive from one vase.

In Veracruz, the drowned man

is also Don José, my Spanish great-grandfather,

who, lord of everything, let life go

when gunmen scattered the dust

of liberty on his land.

His portrait attests

to how his sybaritic children would age:

eleven eternal orphans.

La casa, boca repleta de dientes de oro,

lengua de árbol, caja de ritos

de cucharitas de plata.

Casa del melómano

y de la maestra de escuela.

De Luz, la copista de Goyas

y de Ramón, que una nochebuena

cenó su muerte a los trece años.

De Antonio, que hacía altares con nada,

y de esa hija de la gripe española, Teresa,

que siempre tuvo dos años.

Y casa también de la que en el lugar de la llave

encontró un ojo de su marido cristero.

Ellos, los huérfanos de Villalongín,

son el ahogado y el tibor

y el tiempo que toma decir estas cosas.

El tibor cayó y aún cae

partiendo en mosaicos el dibujo

donde un campesino baja la ladera y cruza el puente.

La alta vasija (hace años tan alta como yo)

acaba de caer y cae otra vez.

The house, mouthful of gold teeth,

artist's conk, ritual box

of silver spoons.

Home to the melomaniac

and the schoolteacher.

Home to Luz, copyist of Goyas

and to Ramón, who at thirteen

one Christmas Eve dined to death.

To Antonio, erecting altars out of nothing,

and to Teresa, daughter of Spanish flu

who was two years old forever.

And the house where she found, in place of the key,

one of her husband's eyeballs. He, a Cristero.

They, Villalongín's orphans,

are the drowned and the vase

and the time it takes to say these words.

The vase fell and falls still

mosaically splitting the image

of a farmer who descends the hill and crosses the bridge.

The tall vase (for years, taller than me)

toppled over and topples still.

Haz la prueba: respira,

truena los dedos

y verás

que cae una vez más: ahora

y ahora

y un poco después también.

Reventando, alejándose de su centro, la ladera, el chino y el puente

van al encuentro del aire.

La ladera, el chino y el puente son estas cosas

este ahogado hinchado de mar (ahora más rotundos sus ojos que no ven nada,

más parecido a la vida su cuerpo muerto).

Me rodean los objetos como pistas falsas, señales de humo

que sigo en un mapa.

Lo sigo por las calles torcidas de una ciudad

reflejada en su río, lo sigo por surcos de agua vertebrada.

Sigo al humo trazando una línea fina

casi un estambre que avanza

y que me apresa en su madeja.

Trampa que se revela y se oculta:

la prisión del cuerpo es la prisión del alma.

Try this: take a breath,

crack your knuckles,

and you'll see

how it falls once more: now

and now

and a little later.

Cracking open, losing their center, the hillside, Chinese man, and bridge

meet the air.

The hillside, Chinese man, and bridge are these things,

this drowned man bloated with seawater (his eyes now emphatic, staring at

nothing, his corpse more vivid with life).

Objects encircle me like false trails, smoke signals

that I follow on a map.

I follow down the twisted streets of a city

mirrored in a river, I follow runnels of vertebral water.

I follow smoke tracing a thin line,

almost a stamen that inches up

and grips me in its tendril.

Trap that seeks and hides itself:

the prison of body is the prison of the soul.

Estalla la vasija y canta la canción de lo roto.

Aprieto un fragmento en mi mano que sangra:

Sostengo el puente, lo mancho

y brilla como la moneda de una civilización venida abajo.

Moneda de todos modos

con la que un día compraré un vestido negro y discreto

para asistir al velorio de estos objetos.

Ahora la vasija estalla,

baja la marea y el ahogado se levanta:

me espera en la noche de plata

y tan pronto llegue

te voy a presentar a mis muertos,

uno por uno.

The vase shatters and sings the song of the broken.

I squeeze a shard in my hand and bleed:

I shoulder the bridge, I stain

and shine it like the coin of a waning civilization.

Money, in any case,

that will one day buy me a discreet black dress

to attend the wake of these objects.

Now the vase shatters,

the tide goes out, and the drowned man rises.

One silver night, he waits for me

and as I arrive,

I will introduce you to my dead,

one by one.

XII

El insomnio del caballo avanza,

aquel resplandor lo mantiene despierto (esa luz, allá).

No tiene sombra.

Los rostros de mis muertos están impresos

en su cuerpo oscuro,

uno por uno

como lo prometí.

Una multitud de ojos azules se abren y se cierran

de costado a costado en la arquitectura

de su lomo, del corazón al fémur y de ahí a la crin.

Es todo párpados.

Las ramas que avanzan de árbol en árbol

trazan un confuso cuerpo único: una familia.

La fuerza que mantiene a este jardín

en vida

no tiene nada que ver con la vida.

Inmune a su obligación de morir,

Inmune a dejar que el agua corra

y a que el aire crezca

entre ala y ala.

XII

The horse's insomnia draws on,

that glow keeps him awake (that light, there).

He casts no shadow.

The faces of my dead ancestors are inked

on his dark body,

one by one,

as I promised.

A bevy of blue eyes open and close

from end to end in the architecture

of his back, heart to femur, femur to mane.

He's all eyelids.

Branches that draw from the tree

model a tangled body: family.

The force that keeps this garden

alive

has nothing to do with life.

Immune to the obligation to die.

Immune to letting water run

and air crest

between two wings.

Los árboles están ahí, sólo hay verde en la parte más alta,

se tuercen en nudos, en ojos

que no sirven para ver, similares a la tierra,

ajenos a todo lo aéreo, están ahí, capturando luz

en sus hojas espesas.

Entre sus raíces (que juntas son una escritura)

se abaten sus alas: reliquias sedosas.

The trees are over there, only green at the canopy.

They twist into knots, into eyes,

sightless, staring off like dirt,

foreign to the element air, there they are, strangling light

in their fat leaves.

Through their roots (which collide into writing),

wings beat: sleek relics.

Esta parte del libro es ilegible

por tratarse de un lenguaje vegetal.

Si yo fuera agua sabría lo que dice.

En una fuente del siglo XVI un cordero se lava.

Si yo entrara en ella vería el cielo.

Es el libro quien me lee a mí

aunque yo no sea agua,

aunque no pueda caminar en esta jungla

que alguna vez fue un jardín.

Es el libro el que me lee a mí.

Lee la novela escrita entre mi cuello y mis hombros.

Lee la multiplicación de la líneas de mis manos.

Es el libro el que me lee

y es el libro el que me escribe.

Escribe que en el lento invierno la luz lame

el costado de las hojas,

Escribe que las naranjas se pudren en el patio,

que el bambú se balancea, que las palmas treparon los muros,

que el fresno es la altura

y que todos juntos se tragan el sonido de las campanas.

Escribe que en cada muñón de madera hay una vida muerta.

This part of the book is illegible

because it deals in a vegetal language.

Were I water, I'd know what it says.

In a 16th century fountain, a lamb bathes.

If I jumped in, I'd see the sky.

The book reads me

though I'm not water,

though I can't walk through this jungle,

once a garden.

The book is the one reading me.

It reads the novel scrawled from my neck to my shoulders.

It reads lines breeding in my hands.

The book is the one reading me,

and the book is writing me.

It writes that, in slow winter, light tongues

the blades of leaves.

It writes that oranges rot on the patio,

bamboo staggers, palms clamber up walls,

that the ash tree is altitude,

and every tree chokes back the chime of bells.

It writes that on every stump, there is dead life.

Así está escrito

que el caballo padece insomnio,

que no tiene sombra,

y que los rostros de mis muertos

están tatuados en él.

El cordero tallado en piedra, escupe,

lava su cuerpo sin buscar limpiarlo.

Prístino, anuncia lo que se ve

desde las azoteas:

que abajo

entre la escritura de raíces imbricadas

a los muertos les crecen las uñas

y que arriba

suenan las trompetas.

Yo que no estoy ni arriba ni abajo,

yo que no soy agua,

veo a la altura de mi vista

esta luz invernal que se retira.

A mi parecer el caballo duerme

y la fuente calla.

So it is written

that the sleepless horse

has no shadow,

and the faces of my dead ancestors

are tattooed on him.

Lamb hewn in stone, it spits,

gets wet with no intention of bathing.

Pristine, it shouts the outlook

from the flat roof:

that below

among the script of jumbled roots

fingernails grow on the dead,

and above,

trumpets sound.

I, neither above nor below,

I, not water,

see at the ceiling of my vision

this withering

winter light.

To my mind, the horse sleeps

and the fountain falls mute.

Dios es la tinta.

Tú que lees, deshoja estas páginas

y entrégalas a un minero o a un buzo.

Ellos sabrán qué hacer.

God is ink.

Dear reader, skim these pages

then hand them to a miner or a diver.

They'll know what to do.

XIII

Hay una casa donde la hora retumba en los muros,

Hay una casa donde la niebla cubre la siesta:

Es la casa que unos huérfanos vendieron a otros huérfanos.

Un viento que ya pasó azota sus puertas

y todavía en el jardín la sangre blanca del hule

circula por sus venas de papel.

Cuando la biblioteca alzó sus manos de lumbre

la ceniza fue el azúcar que recogimos

del piso morisco en el salón.

Todos los hermanos salieron por la misma puerta

derramando una miel animal.

Juntos son un solo huérfano

que tintinea su cuchara en las tazas y que sueña

con la corona que encontró en el estanque.

Si abrieran los ojos

sonarían los goznes como huesos,

el sol encontraría múltiples tronos

en las vasijas de aceite,

ellos darían un paso casi volátil

y a su espalda se cerraría la puerta.

XIII

There is a house where time booms in the walls,

There is a house where fog drapes the siesta:

It is the house some orphans sold to other orphans.

Died-out wind whips at the doors,

And in the yard, the rubber tree's white blood

Still runs through paper veins.

When the library tossed up its flaming arms,

ash was sugar we swept

from the great room's Moorish floor.

All the children left through the same door

trailing their beastly honey.

Together, they are one orphan

Who clinks his spoon on teacups and dreams

Of the crown he fished out of the pond.

If they open their eyes,

hinges will grunt like bones,

the sun will find several thrones

in the oil receptacles,

they'll take an almost volatile step,

and the door will slam at their backs.

XIV

Algo se quema en el cielo.

La marea desciende y descubre la casa.

Sobre su piel de cal se extiende un sudor

y aunque llueve, los leones están lejos.

Las ventanas como cicatrices te hacen tocar

la casa como quien toca un cuerpo.

La ceniza tiende su sábana de cuarto en cuarto,

polvo de letras despojado de ideas y sin manchas de leopardo.

Reposo mi cabeza en eso que es más que la espuma

y cierro los ojos como todos ellos.

Detrás de los párpados buscamos una bandera en un tulipán

mientras el lamento de Dido se ahoga en el comedor.

La casa que estuvo debajo del mar

se seca como la boca del sediento

y la tinta de los libros que se quemaron

se derrama en mi sangre.

Algo se quema en el cielo.

XIV

Something burns in the sky.

Tide goes out, and the house surfaces.

Its skin, quicklime, drips with sweat.

And though it rains, the lions keep back.

The windows, like scars, dare you to touch

the house as you would touch a body.

Ash spreads a sheet from room to room,

dust of letters dispossessed of thought and leopard spots.

I lean my head on something sturdier than foam

and close my eyes like the rest.

Behind our eyelids, we dig for a flag inside a tulip

while Dido's lament drowns in the dining room.

The house, once under the sea,

is now sucked dry like a thirsty mouth,

and ink from the burned books

floods my bloodstream.

Something burns in the sky.

Red hecha de nudos entre la ceniza y el viento

que se hunde y pesca los restos del naufragio

y entre ellos sus huesos, cuentas de un collar,

luces del candil que alumbraba la cena.

Veo a mi abuela copiando Goyas:

la veo pintar hocicos de perros que se muerden,

veo el cuadro donde flotan brujas de óleo,

veo la fabricación de las balas con la montaña azul al fondo,

veo al búho en su jaula, veo el aquelarre

y los temibles detalles en los ojos de los inquisidores,

veo una duquesa en varios momentos

de su vida, veo a los náufragos,

veo cómo tardan en formarse sus minúsculos dedos,

veo cómo una anciana distinguida tapiza el corredor de pinturas

como espejos y con esto traza las coordenadas

de un continente que se retira al soplar.

En los muros la ceniza dibuja la caligrafía de las enfermeras,

escribe el nombre de lo que crece en el cuerpo de mi abuela,

el nombre del árbol que extiende sus semillas

en la tierra de sus órganos

y siembra la muerte, fruta que madura sin jugo.

Net fashioned from ash knitted to wind

sinks and sifts for shipwreck,

and among the drowned: bones, necklace beads,

oil lamp flames that lit dinner.

I watch my grandmother copy Goyas:

I see her paint vicious muzzles on dogs,

I see the canvas where witches float in oil,

I see the bullet factory behind the blue mountain,

I see the caged owl, the coven,

and grisly details in the inquisitors' eyes,

I see a duchess at manifold stages

of her life, I see castaways,

I see how their tiny fingers are slow to form,

I see a refined old woman paper the dining room

in paintings, like mirrors, plotting the coordinates

of a continent lost when you blow.

On the walls, ash attempts the nurse's calligraphy,

it letters what spreads in my grandmother's body,

name of the tree that tosses its seeds

to the dirt of its own organs

and sows death, fruit that ripens juiceless.

La casa zarpa en los túneles de noviembre.

Nave que avanza intacta

con los trajes en los armarios y con todos sus candados,

con su harina y sus óperas,

con su biblioteca en el porche y su ventana a la calle,

con sus once habitantes y el ajedrez de sus pisos.

Zarpa con todo inmóvil como las letras en una novela.

El humo avanza tenaz,

el olor que reposa en el cáliz invade mi nariz.

Las oraciones son olas mientras la casa se aleja

sobre esa bahía con la que todos sueñan.

Ya sueltas las amarras,

la nave se hunde

donde nadie nunca ha muerto,

donde el único mundo es la rosa,

donde huele a naftalina,

y la ceniza no existe.

Despertamos

la marea desciende y descubre la casa,

sobre su piel de cal se extiende un sudor

y aunque llueve, los leones se acercan.

Algo se quema en el cielo.

The house sails through the tunnels of November.

Ship that travels intact

with padlocks and suit closets,

with flour and operas,

with its library on the porch and window to the street,

with its eleven residents and chess game underfoot.

As it sails, all remains still, like letters in a novel.

Smoke draws forward.

Scent resting on the calyx infects my nose.

Prayers are waves as the house drifts

in the bay of which everyone dreams.

Moorings now loose,

the ship sinks

where no one has ever died before,

where the only world is the rose,

where it reeks of mothballs,

and ash does not exist.

We wake up.

Tide descends and discovers the house.

Sweat coats its skin, quicklime,

and though it rains, the lions draw near.

Something burns in the sky.

XV

En la novela azul no se habla de rabinos ni de jardineros,

por eso esta página se llenaría más fácilmente de números

o del aceite que aún corre terso sobre la mesa.

Había días en que la lluvia apretaba la casa con sus dedos largos.

El agua no debe estrangular pero a veces lo hace.

Había días en que el torrente derribaba las ramas

y amanecía una cama de pétalos sobre el jardín derrotado.

Antes la casa era de huesos,

después la casa fue de plata.

Antes la casa era una rosa,

después la casa fue una casa.

Antes la casa era un cántaro,

después la casa fue un eco.

Antes la casa era de agua,

ahora el agua es la casa.

Apenas se hace de día

y ya las plumas rozan

la superficie del espejo

y vuelven con un pez en el pico.

A pesar de que el cántaro se ha roto,

el mundo está intacto.

XV

In this blue novel, no talk of rabbis or gardeners.

So this page fills easily with numbers

or oil still dribbling off the table.

For days, rain gripped the house in long fingers.

Water shouldn't strangle, but it can.

For days, the water tore down branches

and in the battered garden, a petalled bed dawned.

First the house was bones

and later silver.

The house was a rose,

then the house was a house.

The house was a decanter

then an echo.

The house was water,

now water is a house.

It's barely morning

and feathers sweep

the mirror's surface

and emerge with fish in their beaks.

Though the jar is broken,

the world is intact.

XVI

Los veranos torrenciales bañaban la casa

mientras en alguna parte Dios cuidaba a sus abejas

y con el rabillo de su único ojo

vigilaba el lapso entre el trueno y el relámpago.

Alguien escribió esto con un cuchillo.

Aún está ahí, sucio de semillas,

sobre la mesa de la cocina.

XVI

Torrential summers washed the house,

while somewhere God shielded his bees

and from the corner of his only eye

guarded the pause between thunder and lightning.

Someone wrote this with a knife.

It's still here, splattered with seeds,

on the kitchen table.

XVII

Ella trazaba coordenadas en el fondo de su cuerpo,

norte y sur de una mujer con sombrilla.

Cubría de carne la cuadrícula como el abejero viste

al panal con una piel exacta y luminosa.

Esta labor era el reloj del verano

hasta que el sol cayó de sus zancos

y de *El quitasol* dejó una copia con las vértebras expuestas.

Todavía un valle inacabado rodea a una joven

que sostiene un abanico.

XVII

She carved coordinates into her body,

north and south of a parasoled lady.

She spread flesh on this grid like a beekeeper dressing

a honeycomb in skin, exact and luminous.

Work was her summer clock

until the sun tumbled from its stilts

and she discarded her bare-spined copy of *El quitasol*.

An undone valley still encircles a young girl,

fan in hand.

XVIII

Luz cayó escaleras abajo,

a los pies del pequeño Don Manuel Osorio Manrique de Zuñiga,

a quien había pintado el traje rojo y la boca carnosa,

tres gatos acechando en el fondo,

la jaula de gorriones y el tordo mascota.

La sangre de mi abuela salpicó su nombre

y una mancha guinda se extendió, toque final, sobre la edad

del noble: dos años y ocho meses.

Al borde de la cama de mi abuela

yo vigilaba que la muerte no se le acercara,

lo haría de todos modos un noviembre

muchos años después.

XVIII

Luz fell down the stairs

and landed at the feet of little Don Manuel Osorio Manrique de Zuñiga

on whom she had painted a red suit and fleshy mouth,

three cats lurking in the background,

sparrow cage, and pet thrush.

My grandmother's blood speckled her name,

and a cherry stain, the final touch, slurred across

the age of nobility: two years and eight months.

At my grandmother's bedside

I kept close watch for death,

but it came anyway one November,

years later.

XIX

Es un costado de las escalara el retrato

De Doña Isabel de Porcel fue testigo de la caída

Como si Dios fuera mujer,

Un espectador mudo que usara guantes largos,

Indiferentes a los náufragos.

La espuma se hace con el golpe entre la ola y la roca,

el piano suena al tocar las teclas: así su caída.

Tal vez este Dios mire la copia

donde dos gatos riñen

y se sorprenda de sus pelos crispados.

XIX

On a stairway wall the portrait

of Doña Isabel de Porcel bore witness to the Fall.

As if God were a lady,

mute observer in long gloves.

Foam comes from the collision of wave and rock.

The piano sounds when you tap its keys: its Fall.

Maybe this God glances at the copy

with two skirmishing cats

and startles at their bristling fur.

XX

Ella no copió al Coloso ni a Saturno

devorando a su hijo

pero sí a Leocadia,

como si el sabor de una fruta agusanada

se arrastrara por su garganta.

En la Quinta del Sordo, las leyes que rigen el caos

mandan sobre la noche de seda

que atada a sus ojos la dejaba jugar

a la gallina ciega.

Aún así el abedul alumbra

como faro al jardín perenne

donde nadie sabe lo que está enterrado.

XX

She didn't copy the Colossus or Saturn

devouring his son,

but she did copy Leocadia, rumored lover of Goya,

as if the taste of mealy fruit

slithered down her throat.

In the Quinta del Sordo, laws that govern chaos

rule the night, whose silk,

spilling over her eyes, let her play

blind man's bluff.

The birch keeps beaming

like a headlight in the perennial garden

where who knows what is buried.

XXI

Ardió la biblioteca,

un libro cobalto entre las partituras dejó descansar

sus palabras bajo la cerradura de otro idioma.

Dormía esa adolescente tibia y soñaba con manzanas.

El fuego jaló a los libros de las barbas,

desvistió su lomo y mordió su fruto seco.

Azules las cenizas, azul el alma.

XXI

The library burned.

A cobalt book, in a mess of scores, left words

to rest in the vault of another language.

That tepid adolescent slept and dreamed with apples.

Fire yanked books by their beards,

stripped their spines, and bit into their dry fruit.

The ashes, blue. The soul, blue.

XXII

Yo partía las hojas del árbol

y dejaba escurrir su leche.

¿Será venenoso el hermoso mundo?

Yo tenía tres años y la palabra nube

flotaba más que la nube.

Por única vez nevó en mi barrio

y por primera vez pisaron la luna.

Una camisa blanca lo vistió todo.

También en la novela hay nieve

debajo de sus palabras extranjeras.

XXII

I split the tree's leaves,

and let the milk leak.

Will this lovely world turn venomous?

I was three years old and the word *cloud*

floated better than a cloud.

For once, it snowed on my street,

and for the first time, they walked on the moon.

A white shirt clothed everything.

There is snow in this novel, too,

below its foreign words.

XXIII

Después del Apocalipsis el cordero salió de la casa

y sobre una pila de páginas se detuvo a beber.

Si en el principio era la luz, al final era la noche:

aeróustato que atravesó el perfume

de la atmósfera hacia un cielo mudo.

XXIII

After the apocalypse, the lamb left home

and, at a stack of papers, stopped to drink.

If there was light in the beginning, night fell to the end:

an aerostat drifting through the perfume

of the atmosphere en route to a mute heaven.

XXIV

Espejo baladí, lumbre,

la otra Teresa se contrae

frente a las ollas hirviendo.

La gripe española entregó a la hija más pequeña

con un nudo en la lengua.

Lumbre.

Baladí el reflejo.

Hay una Teresa: la primera.

Galopa el potro en su cerebro

y ella garabatea un perro.

Es una niña en una caja de mujer:

tiene un cuerpo.

Ella mira a la caja que guarda

personas, los insulta, se ríe.

Y yo digo: espanto espumarajo es nacer.

Las habitaciones se prolongan hacia el fondo

del corredor: ahí respira el silencio.

Hasta que uno habla solo y la otra dice

y el otro señala:

XXIV

Frivolous mirror, flame,

the other Teresa shrinks

against bubbling waves.

Spanish flu took the youngest daughter,

knot in her tongue.

Flame.

Frivolous, the reflection.

There is a Teresa: the first.

The colt gallops through her brain,

and she scrawls a dog.

She's a girl in woman's packaging:

she's got a body.

She glances at the box that coffers

people, slanders them, laughs.

And I reply: what a frothing fright to be born.

Rooms stretch to the end

of the hall: there, silence breathes.

So long as one speaks to himself and another speaks

and another gestures signs:

diez hermanos monologan

mientras su padre los mira ausente en su retrato:

fantasma digno y elegante.

El siglo tuvo sus tránsitos.

Viajan en tranvía los días innumerables.

Ese siglo tuvo a Teresa: la invisible,

la otra, la infeliz, la doble,

la que cayó del árbol:

voy a hablar de esa fruta.

Los días avanzan en las cosas.

Filo de luz que va del plato de sopa a la puerta

y de ahí al cuadro, acentúa un perfil

y hace brillar esa llave como una joya

Todo esto encerrado en un puño es el siglo.

Para no morir

hay que ser un animal pero no un venado,

ni un pato: los cazadores te acechan.

Ni un elefante ni un mono.

Los circos te cercan.

Un insecto con luz propia y vida eterna.

Entonces sí: vivirás.

Pasaba todo y nada. Lo que más: recordar.

ten brothers monologue

while their father's portrait absently looks on,

dignified, elegant ghost.

The century saw transit.

Countless times, they traveled by tram.

The same century saw Teresa: the invisible,

the other, the unfortunate, the double,

who felled the tree:

I'll speak to that fruit.

Days advance in objects.

Blade-edge of light, trailing from soup bowl to door

and from there to the painting, chisels a profile

and enkindles a key like a jewel.

The century is all of this, condensed in a fist.

To cheat death

be an animal but never a deer

or a duck: hunters stalk you.

Not an elephant or a monkey.

Circuses rail you in.

Be an insect with its own luminescence and eternity.

Then, yes, you will live.

Everything and nothing happened. Above all: recollection.

Páginas donde los colmillos de la foca

rasgan el hielo de la tarde.

Querías decir yo, ella,

el fantasma, la nieve, *la niege, the snow,*

como si otro idioma te salvara

del deshielo.

La lengua no tiene ley.

Ahí arriba recita un obituario

el implacable sol.

Convaleciente, Poe recita lo triste

con sus diversos nombres.

¿En qué orden sucedió todo?

Nació y los minutos se ataron entre sí:

un nudo como un riñón.

Hay un lapso entre la infancia y el sexo,

entre la primera lectura y la ceniza que deja atrás,

una distancia fatal entre la hormiga y la fruta que cae,

lo que escribo sucede en ese margen:

¡A volar! ¡A caer!

Papers where seal tusks

scrape evening ice.

You wanted to say I, she,

ghost, la nieve, la niege, the snow,

as if another language could save you

from the thaw.

The tongue is lawless.

On high, reciting an obituary,

implacable sun.

Convalescent, Poe recites

grief by many names.

The order of events?

She was born and the minutes entwined:

a kidney-like knot.

There's a pause between childhood and sex,

between the first text you read and its trace of ash,

a fatal break between the ant and the falling fruit,

what I write happens on that margin:

Fly! Fall!

Sólo hubo una Teresa: la portadora del caballito cerebral:

el gen zurdo y manco que hace muecas a los peatones.

La historia natural: el orden natural: el rinoceronte

y el alhelí, la miel y el abismo

y la niña tonta y su reflejo: la otra Teresa

escribe sus visiones en el revés de esta página.

Combustión.

Corre una chispa y la biblioteca arde.

Hay lumbre en *busca del tiempo perdido*

se quema la voz de la Callas.

Hay miel negra derramada en los estantes,

los incunables son ceniza que flota: humo de poderes invisibles.

– Por azar sucedió un miércoles –

Existe una mitología del incendio y existen las llamas.

Temo a los fósforos de un dios agotado.

Hay un destino a partir de ese miércoles.

Desde que las palabras son cenizas y flotan.

O a partir del día en que la casa se vende a un orfanato.

O desde el lunes en que murió mi madre.

There was just one Teresa: bound by a cerebral pony:

lefty, bum-armed gene making faces at pedestrians.

Natural history: natural order: rhinoceros

and wallflower, honey and abyss,

that inane girl and her reflection: another Teresa

charts her visions on the verso of this page.

Combustion.

A spark catches, and the library burns.

There is flame *in search of lost time*.

It burns in the voice of Callas.

There is black honey on the shelves.

The incunabula are floating ashes: nimbus of invisible forces.

– It happened to be a Wednesday –

There is a mythology of fire, and flames exist.

I fear the matchheads of a jaded God.

There is fate, beginning that Wednesday.

From then on, words are ashes and float.

Or the day when the house sold to an orphanage.

Or the Monday my mother died.

Las fechas son puñales limpios

que escriben un texto en otro idioma.

Una tarde llegó la lluvia del futuro

y los pájaros volvieron a su habitación: el espejo.

Matamos las horas donde los acólitos daban vida

al humo, el domingo se paseaba Dios

el invisible y ella, la invisible:

dos que son uno y cero a la vez.

Trinidad que vuela.

Antes del incendio hubo un trayecto de la memoria.

El mayor coleccionaba libros y engarzaba en un collar.

Flotaban los pasajes

del tiempo perdido en los balbuceos de un hombre leyendo.

Alguien que leyó para siempre el mismo libro.

Todos los días hasta aquel último: ese miércoles

de mil novecientos setenta y seis, febrero.

La fatalidad no es otra cosa que una fecha,

una flecha que atina en la bruma al más hermoso

de los animales y cruza las habitaciones de su cuerpo.

Ella cruzará la puerta para siempre.

Dates are clean daggers

that pen a foreign language.

One night rain fell from the future,

and all the birds flew back to their room: the mirror.

We strike the hours when acolytes give life

to smoke, Sunday wafted past God

the invisible, and her, the invisible:

two who are both one and zero.

Flying trinity.

Before the fire, memory had a trajectory.

The eldest accrued books and threaded them on a necklace.

Passages floated from

In Search of Lost Time

in the murmurs of a man reading.

He always read the same book.

Every day until his last: that Wednesday

of nineteen seventy-six, in February.

Fatality is just a date,

that arrow shot through spindrift

to hit the most spectacular animal and

cross the chambers of its body.

She will cross the threshold once and for all.

Eso ya sucedió (aún no en esta página).

Sucederá conforme lleguen las palabras precisas.

Llegará esa fecha. Viajará la flecha.

Mientras tanto la niebla rodea mi cintura

Sorda es la muerte y un pez también.

Rota del centro y viva

la muerte es una flor que nunca muere.

La primera Teresa tiene sus rutinas.

Es hija de los asuntos más simples.

Si la montaña se abalanza al cielo le da lo mismo.

La visten, la peinan, la lavan.

Es una muñeca de cuerda que le habla a la pantalla,

una democracia insólita reina sus afectos:

para ella todos están vivos,

incluso el padre muerto hace treinta años,

incluso la virgen que pisa la serpiente.

No hay oasis, ni lumbre, ni mañana

sólo un corazón que bombea hasta que ya no lo haga

(cuando escribí esto no sabía que había muerto).

It already happened (but not on this page).

It will happen as right words arrive.

The date will arrive. The dart will fly.

Meanwhile, fog circles my waist.

Death is deaf, so is a fish

cracked in the middle but alive.

Death is a flower that never dies.

The first Teresa keeps routines.

Daughter of simplicities.

If the mountain rockets into the sky, it's all the same.

They dress her, wash her, comb her hair.

Wind-up doll, speaking to the screen.

A bizarre democracy governs her whims:

for her, everyone is alive,

even her father, thirty years dead,

even the virgin who steps on a snake.

There is no oasis, flame, or tomorrow,

only a heart pumping until it can't

(writing this, I hadn't yet heard that she had died).

La otra Teresa cruzará la puerta

mientras sus hermanos hablan con un retrato.

Esto pasó poco después de que un venado sin cabeza

trotara por el jardín.

En esta casa todo lo que parece un sueño en realidad sucedió.

La lumbre es el nadir de la espuma,

la casa es el cenit de la piel.

Para poder vivir hay que saberlo

(nadie lo sabe antes de cruzar la puerta).

En el gobelino una pastora apacienta a sus corderos.

A los costados hay dos tibores chinos donde vuelan aves exóticas.

En el trinchador hay doscientos cubiertos de plata.

La memoria es una yegua en un ruedo eterno.

No importa si grito la palabra fin: la muerte está sorda.

Tú sabes que la habitación está vacía, que un par de huérfanos

juegan en el centro, que la niebla abrió su bocaza

y se tragó el esplendor, que le prendió fuego,

que llegó la lluvia del futuro y que no para de llover.

The other Teresa will walk through the door

while her siblings talk to a portrait.

This happened not a week after a headless deer

ran through the garden.

In this house, the true stories seem like dreams.

Flame is the nadir of foam.

Home is the zenith of skin.

To make it in life, you have to know this.

(Nobody knows it until they walk through the door.)

In the Goblins tapestry, a shepherdess leads her lambs to graze.

Exotic birds whirl along the edges of two Chinese vases.

The sideboard has two hundred layers of silver.

Memory is a mare in a round pen.

Who cares if I yell the word *end*: death is deaf.

You know the room is empty, that a pair of orphans

play in the center, that fog opened its fat mouth

and swallowed splendor, up in flames,

that rain came from the future and won't stop.

La música de la cuchara

contra el plato,

la tela de un traje que roza el otro traje

son la tesitura invisible,

el fondo de la conversación,

el hecho único: el verbo.

Una vez cruzada la habitación conocerá otro cuerpo

y sabrá que ese vapor vacía la habitación de sus objetos.

El cuerpo del otro con su olor extendido

se abrirá paso como una bestia lo hace con su peso.

Perdemos los guantes antes de la hora citada.

El gato se arredra, acecha y salta

y sólo entonces la manecilla avanza.

Ella cómo iba a saberlo

si sólo fue a enfilarse tras el aro de su juego

y terminó orbitando sin asidero.

Por mucho tiempo confiará en volver al jardín.

(Como Eva, es una cosa de mujeres).

El camino se borró y tendrá que saberlo.

Tendrá que saber que no todos mueren

degollados como el venado de su infancia.

Music of the spoon

against the plate,

fabric of a suit that grazes another suit—

these are the invisible tessitura,

baseline of conversation,

sole fact: the verb.

Once crossed, the room will know another body

and learn how fog washes a room of objects.

The body of another, lingering odor,

will clear the way like a beast with its weight.

We lose our gloves before the appointed hour.

The cat startles, stalks, then leaps,

only then will the minute hand twitch.

How could she have known

when she just hid behind her toy hoop

and fell into centerless orbit.

For years she'll believe in a return to the garden.

(Like Eve. It's a woman thing.)

The trail is lost, and she'll need to know.

She'll need to know that not everyone dies

beheaded like the pet deer of her girlhood.

No conocerá la temperatura del amor.

Canturreará en una habitación de la que cuelga un dibujo:

un fiordo atacado por olas, rasguñado por la velocidad del viento.

Ese dibujo es una célula suya, zurda, múltiple,

con apariencia de canica, con sabor a sal.

Yo cruzaré el umbral

aunque entonces lo haga como Juana la Loca:

arrastrando el cuerpo herido de mi madre.

Ella reparará en el venado que cruza

el desierto de los leones.

Tal vez si fueran más frecuentes las palabras de menos sílabas

como sal y sol o mar o día o sí o no,

o cal o vid, o mal o ras,

el féretro izaría sus velas.

Bastaría con una sola vez.

Con una palabra mínima, con una sílaba sonora,

con un paso

y el espejo quedaría atrás.

She'll never know love's temperature.

She'll croon softly in a room with a picture on the wall:

fjord raided by waves and scoured by wind speed.

It portrays one of her cells, sinistral, multiple,

recalling a marble, tasting of salt.

I will cross the threshold,

but I'll do it like Joanna the Mad:

dragging the wounded body of my mother.

She'll rear back on the deer, crossing

the desert of lions.

Maybe if we favor shorter words

like salt and sun, or sea or day or yes or no,

or lime or vine, bad or flat,

the coffin will raise its sails.

Once would be enough.

At a little word, one singing syllable,

one step,

the mirror would fall back.

XXV

Apocalipsis de juguete y animal doméstico,
Ícaro que gotea cera sobre el pastel:
Dos casas se hunden como buques.

Arca de papel y oro en polvo,
luz de molusco y biombo:
Dos casas se hunden como buques.

Nelson de madera y Trafalgar de cuerda,
regata sobre papel de plateado:
Dos casas se hunden como buques.

Diván, tacita y espejo,
raíz del hule como dedos afianzados:
Dos casas se hunden como buques.

Niño dorado y cena de Nochebuena,
fin de miel y sello azul:
Dos casas se hunden como buques.

XXV

Toy apocalypse and domestic animal,

Icarus drizzling wax on the cake:

Two houses that sink like ships.

Ark of paper and gold dust,

mollusk sheen and screen:

Two houses that sink like ships.

Nelson of wood and Trafalgar of string,

regatta on silver paper:

Two houses that sink like ships.

Divan, teacup, and mirror,

rubber root like clinging fingers:

Two houses that sink like ships.

Golden boy and holy dinner,

honeyed end and blue seal:

Two houses that sink like ships.

Catástrofe y perro pastor,

ciencia de canicas y navajas:

Dos casas de hunden como buques.

Tosca canta y La Divina Infantita escucha

¿cuál de las dos no es Dios?:

Dos casas se hunden como buques.

Novela de arcilla y novela de flor,

cenizas, humo y página de aire:

Dos casas se hunden como buques.

Pasado de nieve y ojos afilados,

hormigas y acero:

Dos casas se hunden como buques.

Abuelo, lodo y león,

alemán que bebe huevos crudos:

Dos casas se hunden como buques.

Madre de cera y museo inundado,

cacería de murciélagos recién nacidos:

Dos casas se hunden como buques.

Catastrophe and sheepdog,

science of marbles and pocketknives:

Two houses that sink like ships.

Tosca sings, and the Virgin child listens—

which of these two is not God?

Two houses that sink like ships.

Clay novel and flower novel,

ashes, smoke, and page of air:

Two houses that sink like ships.

Past of snow and razor-eyes,

ants and steel:

Two houses that sink like ships.

Grandfather, sludge, and lion,

German slurping raw eggs:

Two houses that sink like ships.

Wax mother and drowned museum,

shooting at newborn bats:

Two houses that sink like ships.

Texas sin luna y gigante de betún,

calibre y plástico y arena:

Dos casas se hunden como buques.

Mar y sangre, sangre y árbol,

primos y puertas, abuelos y gatos:

Dos casas se hunden como buques.

Moonless Texas and colossus of frosting,

caliber and plastic and sand:

Two houses that sink like ships.

Sea and blood, blood and tree,

cousins and doors, grandparents and cats:

Two houses that sink like ships.

XXVI

Con la palabra rota el arca se hunde,
verbo descosido del centro como muñeca de trapo.

Agua anegada
de corderos y azúcar,
de corderos y sangre.

Suite sobre la superficie tersa,
suena en la llanura azul del mar estático.

Arriba los más frágiles
y abajo los altares y las cartas.
Arriba el verso
y abajo los tristes y los desdentados.

Se cierra la ola como telón de ópera,
candado de luz y espuma, sello de rosa negra.

Agua anegada
de pinturas y balas,
de máquinas y días.

Apocalipsis de cristal, vals de tul,
trinidad al fondo
de la palabra derramada.

XXVI

With a broken word, the ark sinks,

verb unspun in the middle like a ragdoll.

Water glutted

with lambs and sugar,

lambs and blood.

Suite on the smooth surface.

It plays on the still sea's blue prairie.

The frailest ones above

and below, altars and letters.

Verse above

and below, the sad and the toothless.

The wave closes like an opera curtain

locked in light and foam, sealed with a black rose.

Water glutted

with paintings and bullets,

machines and days.

Crystal apocalypse, tulle waltz,

trinity at the floor

of the spilled word.

POSDATA

para María Cristina Caso

La historia entra por la imagen. Tiene un ritmo: un latido veloz de corazón de pájaro y al fondo se desplazan las nubes. En una población al oeste, siempre al oeste, un elefante furioso abandonó el circo y con la trompa arrojó a su publicó. Seis horas después lo derribó un francotirador. Para muchos fue demasiado tarde.

Al mismo tiempo ocurre otra historia. En ella aparece un auto, un venado, once niños, Veracruz, un padre agonizante. Luz del sol y luz de luna y el nombre Luz. Nombre de mujer. Antes de la cosecha la casa era invisible. Sus sonidos, sus recuerdos, sus habitantes. Ella sobretodo y su parte en la ficción. Ella agarrada por tubos a la vida. Ella sin aire, ella que busca el aire. Tiene que contar la historia, la de los once niños, la del sabor del agua en la calle de Berlín. Al contar detalles su pulmón se expande. Yo entro a un espacio sin puertas que se azotan, a un día de cucharas, al vástago de un sábado donde las conversaciones amueblan el cuarto. Por los cuatro costados se ve la distancia y también el pasado. Allá veo a mi madre años atrás en el agua, esquiando, con el brazo derecho levantado y con el izquierdo toma la cuerda que la une a la lancha. La veo aunque yo empecé a existir cuando la felicidad se había acabado. Aquí veo a su hermana que con oxígeno prestado borda el rostro simétrico de las buenas costumbres.

Afuera resopla el elefante y su corazón batiente pertrecha a los habitantes. Y el aire prestado y el aire nuestro sube calentado por su furia.

POSTSCRIPT

For María Cristina Caso

History enters with the image. It has a rhythm: the quick beat of a bird's heart, clouds shifting in the background. In a town to the west, always to the west, a furious elephant quit the circus and drove out the crowd with his trunk. Six hours later, a sniper took him down. For many, it was too late.

At the same time, another story. It involves a car, a deer, eleven children, Veracruz, a dying father. Sunlight, moonlight, and a name that means light. A woman's name. Before the harvest, the house was invisible. Its sounds, its memories, its inhabitants. Above all, Christina, and her place in the story. Clinging to tubes for dear life. She who is breathless, she who seeks air. The story must be told, the one about eleven children, about the taste of the water in the house on Calle Berlín. The details swell the lungs. I enter a space with no swinging doors, a day of spoons, the offshoot of a Saturday where conversations furnish the rooms. From all sides, you can view the distance and also the past. There I see my mother, years ago, in the water, skiing, with her right arm high in the air and her left gripping the rope. I see her, though I existed only after that happiness ended. Here I see her sister, with borrowed oxygen, embroidering the symmetrical face of glad traditions.

Outside the elephant heaves a breath, and his final heartbeats jacket the spectators in armor. And the borrowed air. And our own breath rises, warmed by his fury.

PHOTO GUIDE:

Page 10: Luz Sainz at Chapultepec Lake, circa 1925.

Pages 38 and 39: The Packard with the Sainz children: Luz, Concha, La Nena, Antonio (left), Pepe and Fernando (right), circa 1909.

Page 49: Valerie Mejer Caso, at three years of age, holding her father's rifle.

Pages 54-55: The Caso home in Arroes.

Pages 64-65: The Sainz siblings on the balcony in the Plaza del Estudiante.

Pages 102-103: The Sainz family at the table in their house on Calle de Berlín, before moving to the house at Calle Villalongín.

Pages 122-123: The Sainz family at their house on Calle de Donceles, in the center of Mexico City, when Ramón was still alive (holding Enrique's shoulders, in the back left corner), circa 1920.

Endpapers: The pet fawn, with Enrique and Nacho, on the flat roof of the house on Calle de Donceles.

VALERIE MEJER CASO was born in 1966 in Mexico City to a family of immigrants from Spain, Germany and England. Mejer Caso has been the recipient of the International Poetry Award "Gerardo Diego" for her book *De elefante a elefante* and was also the recipient of three grants given by the National Council for Culture and the Arts in Mexico. Her work has been widely translated into English, and has appeared in *Poetry London, The Hunger Mountain Review, Nimrod, The American Poetry Review, Translations, Asymptote* and *Circumference* among others. A bilingual anthology appeared in Slovenian and Spanish in 2012. She's the author of *Cuaderno de Edimburgo* and *De la ola el atajo* (Amargord, Colección Trasatlántica, España); *Geografías de niebla* (Tucán de Virginia, 2007, México); *Esta novela azul* (Tucán de Virginia 2005, México); *Ante el ojo del cíclope* (Tierra Adentro, 2000, México). A selection of her poems, *Rain of the Future* (Action Books, 2014), was edited and translated into English by C.D. Wright, Forrest Gander and Alexandra Zelman-Doring and was longlisted for the 2015 Best Translated Book Award by Three Percent. Mejer Caso's profound interest in the dialogue between poetry and painting and poetry and photography has resulted in a sequence of etchings in Zurita's *Los boteros de la noche* (Mexico, ed 2.0,2010) and in series of paintings-as-translations which appear in *Ligaduras/Ligatures* by Forrest Gander (Ventana Abierta, Chile, 2011) and in Antonio Prete's *Menhir* (Tucán de Virginia, 2007) and *L'imperfection de la lune* (France, Abstème & Bobance editeurs, 2007) . As a poet, she has also collaborated with several photographers, among them Dan Borris on *Las canchas* (Blue Star Contemporary Art Center, TX), a series depicting empty football fields across the most unexpected places in Mexico. In collaboration with other poets, Valerie Mejer Caso has translated complete collections by such poets as Charles Wright, Pascale Petit, Ruth Fainlight and Les Murray. About her work, Raúl Zurita has said: "The capacity for unfoldment in Valerie Mejer Caso's poetry, for the revelation of an inner space that includes the exteriors whch so define the poems, is, as with all great poetry, an experience of language's materiality, its history, its implications and automatisms."

MICHELLE GIL-MONTERO'S translations include *Poetry After the Invention of América: Don't Light the Flower* by Andrés Ajens (Palgrave MacMillan, 2011), and *Mouth of Hell* (Action Books, 2013), *The Tango Lyrics* (Quattro Books, 2013), and *Dark Museum* (Action Books, 2015) by María Negroni. She lives in Pittsburgh and teaches at Saint Vincent College.